CIENCIA GRÁFICA

EL MUNDO EXPLOSIVO DE LOS VOLCANES

CON MAX AXIOM

SUPERCIENTÍFICO

por Christopher L. Harbo

ilustrado por Tod Smith

Consultor:

Profesor Kenneth H. Rubin

Departamento de Geología y Geofísica

Facultad de Ciencia y Tecnología del Océano y de la Tierra

University of Hawaii, Honolulu

CAPSTONE PRESS

a capstone imprint

Graphic Library is published by Capstone Press,
1710 Roe Crest Drive, Norh Mankato, Minnesota 56003
www.capstonepub.com

Library of Congress Cataloging-in-Publication Data
Harbo, Christopher L.
 [Explosive world of volcanoes with Max Axiom, super scientist. Spanish]
 El mundo explosivo de los volcanes con Max Axiom, supercientífico / por Christopher L.
Harbo ; ilustrado por Tod Smith.
    p. cm. —(Capstone Press, graphic library en espanol: Ciencia gráfica)
 Includes index.
  ISBN 978-1-4296-9237-3 (library binding)
  ISBN 978-1-4296-9406-3 (paperback)
  ISBN 978-1-62065-277-0 (ebook PDF)
 1. Volcanoes—Juvenile literature. I. Smith, Tod, ill. II. Title.
QE521.3.H2418 2013
 551.21—dc23   2011051344

Summary: In graphic novel format, follows the adventures of Max Axiom as he explains the
science behind volcanoes.

Art Director
Bob Lentz

Designers
Thomas Emery and Kyle Grenz

Bilingual Book Designer
Eric Manske

Colorist
Matt Webb

Editors
Donald B. Lemke and Christine Peterson

Translation Services
Strictly Spanish

The author dedicates this book to Ingrid, Torin, and Anja.

TABLA DE CONTENIDOS

El supercientífico Max Axiom inicia su exploración de los volcanes en las cuestas del Arenal de Costa Rica.

Una lectura más de temperatura será suficiente.

2.000°F

Tal como lo pensé. Esta lava está tan caliente como para derretir vidrio.

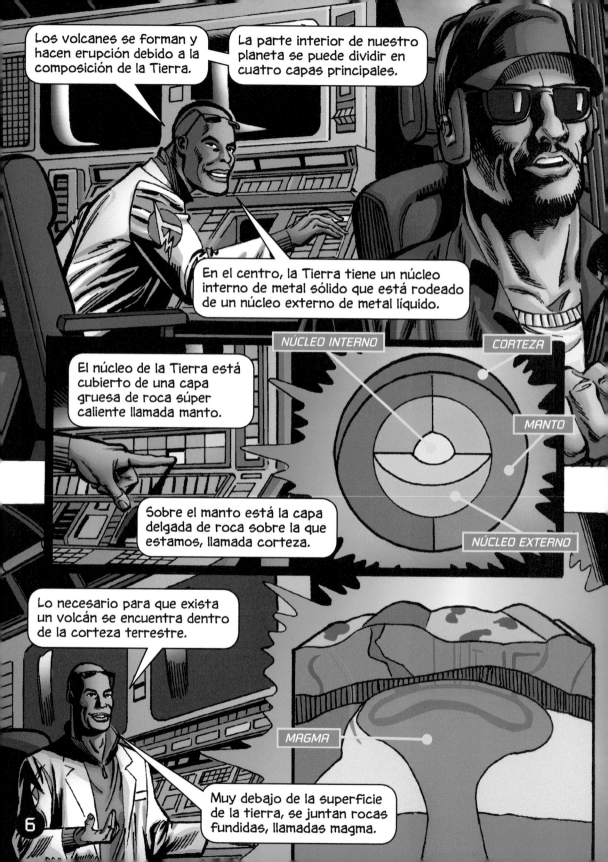

Debido a que el magma es menos denso que las rocas sólidas, sube a través de las grietas de la corteza terrestre.

Cuando el magma llega a la superficie de la tierra, hace erupción como lava o cenizas volcánicas.

Max, hemos llegado a tu siguiente transporte.

¡Grandioso! Gracias por traerme, Sam.

Con tanta lava ardiente, es bueno que los volcanes no se formen en toda la Tierra.

Conozco a una geóloga que puede explicar por qué los volcanes se forman donde lo hacen.

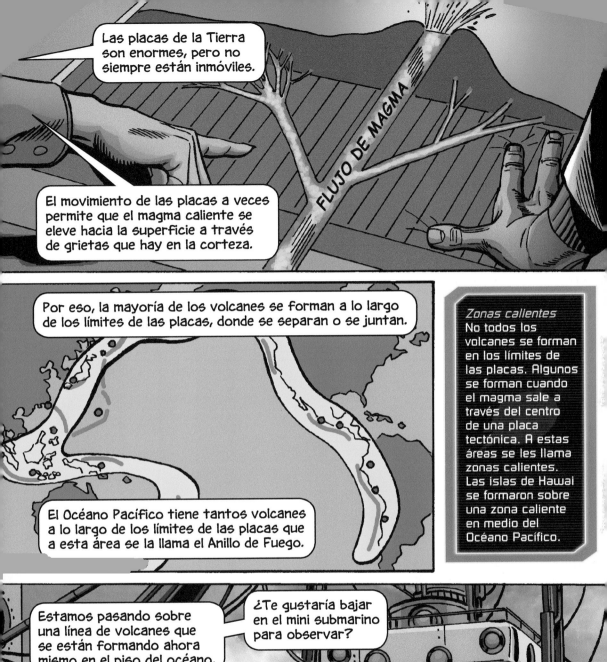

Las placas de la Tierra son enormes, pero no siempre están inmóviles.

FLUJO DE MAGMA

El movimiento de las placas a veces permite que el magma caliente se eleve hacia la superficie a través de grietas que hay en la corteza.

Por eso, la mayoría de los volcanes se forman a lo largo de los límites de las placas, donde se separan o se juntan.

El Océano Pacífico tiene tantos volcanes a lo largo de los límites de las placas que a esta área se la llama el Anillo de Fuego.

Zonas calientes
No todos los volcanes se forman en los límites de las placas. Algunos se forman cuando el magma sale a través del centro de una placa tectónica. A estas áreas se les llama zonas calientes. Las islas de Hawai se formaron sobre una zona caliente en medio del Océano Pacífico.

Estamos pasando sobre una línea de volcanes que se están formando ahora mismo en el piso del océano.

¿Te gustaría bajar en el mini submarino para observar?

¡Por supuesto!

9

La lava que hace erupción y la roca volcánica se enfrían y endurecen alrededor de la chimenea principal.

Con el tiempo, las capas de material se acumulan y forman un cráter circular alrededor de la chimenea.

Los volcanes pueden hacer erupción durante millones de años.

A medida que el cráter crece, el material volcánico puede hacer erupción hacia un lado.

A menudo hay chimeneas laterales que son ramificaciones de la chimenea principal y que expulsan vapor, gases calientes y lava.

En ese tiempo, algunos volcanes submarinos acumulan capas suficientes para salir a la superficie.

Cuando lo hacen, se forman islas.

La Tierra tiene miles de volcanes, pero pocos están activos.

Entonces, ¿qué es un volcán activo?

En cualquier año, de 50 a 70 volcanes hacen erupción alrededor del mundo.

Pero los volcanes que hacen erupción no son los únicos que se consideran activos. Los científicos consideran que cualquier volcán que ha hecho erupción en los últimos mil años está activo. Los volcanes activos también muestran indicios de magma derretido debajo de ellos.

Tomando en cuenta esto, la Tierra tiene aproximadamente 550 volcanes activos.

Por supuesto que la mayoría de los volcanes, activos e inactivos, permanecen quietos año tras año.

Los científicos a menudo catalogan a estos gigantes dormidos como latentes o extintos.

Un volcán latente es capaz de hacer erupción, pero no lo ha hecho en muchos años.

Un volcán extinto no ha hecho erupción en muchos miles de años y no se espera que haga erupción de nuevo.

El Monte Fuji de Japón es un volcán latente que no ha hecho erupción desde 1708.

El volcán Kohala de Hawai no ha hecho erupción en 60,000 años. En la actualidad, los científicos creen que está extinto.

Por supuesto, nadie sabe con seguridad cuándo un volcán latente puede hacer erupción o si un volcán extinto está realmente extinto.

Los gigantes dormidos a veces despiertan.

El 18 de mayo de 1980, el Monte Santa Helena del estado de Washington acabó con 123 años de silencio.

A las 8:32 de la mañana, un gran terremoto sacudió el volcán.

El Monte Santa Elena explotó.

¡BBA-DOOM!

La erupción ocasionó que parte del cono del volcán estallara.

Por un lado del volcán salieron volando gases calientes y piedras.

Los gases calientes del magma hicieron que algunas de las piedras se convirtieran en miles de millones de pedacitos. Estos pedazos formaron cenizas.

El volcán arrojó piedras y rocas más grandes, llamadas bloques volcánicos.

Los abrasadores gases, cenizas y escoria mezclados crearon un flujo piroclástico. Esta nube mortal fluyó por el volcán y arrasó todo a su paso.

El flujo piroclástico del Monte Santa Elena destruyó casi 150 millas cuadradas de bosques, algo así como 389 kilómetros cuadrados.

Mató a miles de animales y a 57 personas que habitaban cerca del volcán.

⚡ AVALANCHAS DE LODO

Una avalancha de lodo es uno de los mayores peligros de una erupción volcánica. Las avalanchas de lodo se forman cuando los flujos piroclásticos derriten la nieve que está cerca de la parte superior de un volcán. Este flujo también se forma cuando las fuertes lluvias arrastran grandes cantidades de rocas humeantes, fragmentos y agua que descienden por el volcán.

Claro que las erupciones volcánicas son más famosas por arrojar lava ardiente.

Visitemos a una científica que pasa los días estudiando la lava del volcán Kilauea de Hawai.

El Kilauea está dando un verdadero espectáculo, Dra. Maka.

Así es. Desde que inició su erupción en 1983, el Kilauea ha producido bastante lava para que yo pueda estudiar.

De hecho, la roca en la que estamos parados está hecha de lava. Después que fluyó por la chimenea del Kilauea, la lava se enfrió y se endureció.

Esta lava fresca debe ser uno de los dos tipos de flujo de lava que tienen nombres hawaianos.

Así es. A este flujo de lava se lo conoce como pahoehoe.

"Pa-joi-joi". Es divertido decirlo.

Y es mucho más divertido observarlo.

El pahoehoe fluye suavemente y parece una cuerda retorcida cuando se enfría.

Mientras que el pahoehoe es liso, otro tipo de flujo de lava tiene un aspecto muy diferente.

Se pronuncia "ah-ah" y este tipo de lava es más espeso que el pahoehoe.

Esta debe ser la lava a'a'.

Cuando se enfría, la lava a'a' es dentada y afilada.

La lava fluye lentamente, pero puede cubrir grandes distancias.

Sí. Esta arena negra es lava que se convirtió en partículas de vidrio cuando llegó al frío océano.

¡Interesante!

Pero aquí, en la isla volcánica de Islandia, algunos de los volcanes tienen un aspecto muy diferente.

Islandia tiene muchos volcanes de cono de escoria.

Los conos de escoria son usualmente más pequeños y mucho más empinados que los volcanes en escudo. Se forman cuando una erupción lanza bolas de lava al aire.

A medida que caen, las bolas de lava se rompen y se enfrían, formando escoria que se acumula alrededor de la chimenea central del volcán.

El tercer tipo de volcán es quizá el más sencillo de identificar.

El Popocatépetl, o el Popo, como se le conoce en México, es un gran ejemplo de un estratovolcán.

MAX AXIOM

Los estratovolcanes son conos altísimos. Se forman a medida que se acumulan capa tras capa de lava y cenizas con el paso del tiempo.

CRÁTER

TEMA:
ESTRATOVOLCÁN
POPOCATÉPETL

VIEJO FLUJO DE LAVA

NUEVO FLUJO DE LAVA

Las capas del Popo se han acumulado en miles de años. En la actualidad, el cono del volcán se eleva a casi 17,800 pies o 5,425 metros sobre el nivel del mar.

REALZADO CON RAYOS X

Los volcanes tienen un aspecto imponente, pero el mundo ha presenciado varias erupciones mortales.

Vamos a visitar una de las erupciones más devastadoras del Siglo XX. Sucedió en la isla caribeña francesa de Martinique.

A principios de 1900, St. Pierre era conocida como "el París de las Indias Occidentales".

A principios de 1902, el Monte Pelée empezó a tener una serie de erupciones menores.

Este ajetreado puerto estaba asentado en la base del Monte Pelée.

Estas erupciones alarmaron a la gente, pero nadie se esperaba la tragedia que estaba a punto de ocurrir.

El 8 de mayo el Monte Pelée hizo erupción. Una enorme nube brillante de gas, cenizas y rocas súper calientes se abalanzó hacia St. Pierre a más de 100 millas, o 160 kilómetros por hora.

En menos de un minuto, la nube engulló a la ciudad. Nadie tuvo tiempo de huir.

La fuerza huracanada de la nube causó que las casas y edificios hechos de cemento se derrumbaran.

Su intenso calor ocasionó que los árboles y edificios de madera estallaran en llamas.

La nube llegó con gran velocidad al puerto y destruyó 20 barcos.

En un instante murieron más de 28,000 personas.

Un zapatero y un prisionero fueron las dos únicas personas de la ciudad que escaparon con vida.

23

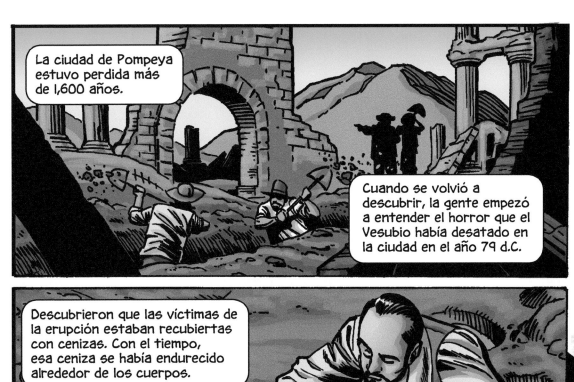

La ciudad de Pompeya estuvo perdida más de 1,600 años.

Cuando se volvió a descubrir, la gente empezó a entender el horror que el Vesubio había desatado en la ciudad en el año 79 d.C.

Descubrieron que las víctimas de la erupción estaban recubiertas con cenizas. Con el tiempo, esa ceniza se había endurecido alrededor de los cuerpos.

Los cuerpos ya se habían descompuesto, pero quedaron espacios huecos que conservaron las formas de los cuerpos.

A finales del Siglo XIX, los científicos inventaron una forma de hacer moldes de yeso de los cuerpos en esos espacios huecos.

En la actualidad, los científicos estudian estos moldes para aprender más sobre cómo murieron los habitantes de Pompeya.

HERCULANO

Pompeya no fue la única ciudad destruida por la erupción del Monte Vesubio en el año 79 d.C. Los flujos de lodo sepultaron la ciudad de Herculano bajo 65 pies (20 metros) de ceniza y piedra.

Max, aterrizaremos en el Arenal en dos minutos.

¡Excelente! Gracias, Sam.

Algunos científicos aprenden de los volcanes por erupciones pasadas. Otros los estudian cuando hacen erupción.

Los científicos que estudian volcanes se llaman vulcanólogos.

Estos trajes de la era espacial que a veces visten los ayudan a estar a salvo cerca de los flujos de lava.

Los trajes tienen un recubrimiento de metal que refleja el intenso calor de la lava.

En volcanes de todo el mundo, estos científicos miden la temperatura de la lava, toman muestras de gas y monitorean los cambios en los accidentes geográficos.

Al comprender la conducta de los volcanes, esperan predecir futuras erupciones. Entonces los científicos podrán advertir a las personas cuando las erupciones en curso se vuelvan peligrosas para las personas que viven cerca.

Su trabajo es peligroso, pero es muy importante.

Porque no se sabe cuándo veremos la siguiente gran erupción.

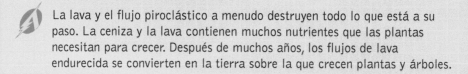

MÁS SOBRE VOLCANES

La lava y el flujo piroclástico a menudo destruyen todo lo que está a su paso. La ceniza y la lava contienen muchos nutrientes que las plantas necesitan para crecer. Después de muchos años, los flujos de lava endurecida se convierten en la tierra sobre la que crecen plantas y árboles.

La lava es muy caliente, pero no es lo más peligroso que expulsa un volcán. La lava normalmente avanza tan lentamente que las personas tienen tiempo de salir de su camino. Las enormes avalanchas de lodo y nubes calientes de ceniza y gases son mucho más peligrosas para las personas que viven cerca de una erupción.

En octubre de 2004, el Monte Santa Elena empezó a hacer erupción de nuevo. Aunque las erupciones fueron menores, la nueva actividad empujó un enorme bloque de roca hacia fuera del domo del cráter. Durante un tiempo, el bloque de roca estuvo fuera del cráter, ocupando una altura correspondiente aproximadamente a la longitud de un campo de fútbol americano.

En 1991, la erupción del Monte Pinatubo en las Filipinas afectó el clima en todo el mundo. Las cenizas transportadas por todo el mundo bloquearon la luz del Sol. El año siguiente a la erupción, las temperaturas alrededor del mundo bajaron un promedio de 1 grado.

Islandia es uno de los pocos países en los que la gente puede ver dos de las placas de la Tierra separándose sobre el nivel del mar. Cada año, las placas se separan aproximadamente 1 pulgada (2.5 centímetros). Como resultado, Islandia tiene muchos volcanes activos, géiseres y manantiales termales.

Algunos científicos usan satélites espaciales para estudiar los volcanes. Los satélites miden el calor liberado por un volcán y rastrean las nubes de erupción a medida que viajan por el mundo.

La Tierra no es el único lugar de nuestro Sistema Solar en donde hay volcanes. Venus, Marte e Io, la luna de Júpiter, también tienen muchos volcanes. De hecho, el Monte Olimpo de Marte es el volcán más grande que se conoce en el Sistema Solar. Este enorme volcán en escudo es aproximadamente del tamaño de Arizona. Se eleva 15 millas (24 kilómetros) sobre la superficie de Marte.

 Los científicos usan un termómetro eléctrico para medir la temperatura de la lava. Este termómetro está hecho de cerámica y acero inoxidable. Estos materiales pueden soportar las altas temperaturas de la lava.

MÁS SOBRE

SUPERCIENTÍFICO

Nombre real: Maxwell J. Axiom
Ciudad natal: Seattle, Washington
Estatura: 6' 1"   **Peso:** 192 lbs
Ojos: Marrón   **Cabello:** No tiene

Supercapacidades: Superinteligencia; capaz de encogerse al tamaño de un átomo; los anteojos le dan visión de rayos X; la bata de laboratorio le permite viajar a través del tiempo y el espacio.

Origen: Desde su nacimiento, Max Axiom parecía destinado a la grandeza. Su madre, una bióloga marina, le enseñó a su hijo sobre los misterios del mar. Su padre, un físico nuclear y guardabosques voluntario, le enseñó a Max sobre las maravillas de la Tierra y el cielo.

Un día durante una caminata en áreas silvestres, un rayo mega-cargado golpeó a Max con furia cegadora. Cuando se despertó, Max descubrió una nueva energía y se dispuso a aprender todo lo posible sobre la ciencia. Viajó por el planeta y obtuvo grados universitarios en cada aspecto del campo científico. Al volver, estaba listo para compartir su conocimiento y nueva identidad con el mundo. Se había transformado en Max Axiom, supercientífico.

Glosario

la caldera—un volcán colapsado

la chimenea—un agujero en un volcán; cenizas calientes, vapor y lava salen de las chimeneas de un volcán en erupción

el cono—la punta de un volcán

la corteza—la capa exterior delgada de la superficie de la Tierra

derretido—fundido por el calor; la lava es roca derretida

la erupción—explotar repentinamente; un volcán expulsa vapor, lava y cenizas al aire cuando hace erupción

la escoria—un pedazo de lava que se enfría de un volcán en erupción

extinto—que ya no está activo; un volcán está extinto si ha dejado de hacer erupción en miles de años

el flujo piroclástico—una mezcla móvil de gases calientes, ceniza y rocas de un volcán; un flujo piroclástico puede alcanzar velocidades de hasta 100 millas (161 kilómetros) por hora.

latente—no activo; los volcanes latentes no han hecho erupción en muchos años

la lava—la roca líquida y caliente que sale de un volcán cuando hace erupción

el magma—roca derretida que se encuentra debajo de la superficie de la Tierra

el manto—la capa de roca súper caliente que rodea al núcleo de la Tierra

la placa—una enorme lámina de roca que es un pedazo de la corteza terrestre

SITIOS DE INTERNET

FactHound brinda una forma segura y divertida de encontrar sitios de Internet relacionados con este libro. Todos los sitios en FactHound han sido investigados por nuestro personal.

Esto es todo lo que tienes que hacer:

Visita *www.facthound.com*

Ingresa este código: 9781429692373

ÍNDICE